La Hongrie d'hier et de demain

PAR

André DUBOSCQ

« La Hongrie doit aller vers l'Autriche,
si elle ne veut pas aller à Moscou ».
FRIEDRICH NAUMANN.

(Discours du 10 décembre 1915 à Berlin.)

BLOUD ET GAY, ÉDITEURS

PARIS — BARCELONE

La Hongrie d'hier
et de demain

"Pages actuelles"
(1914-1916)

La Hongrie d'hier et de demain

PAR

André DUBOSCQ

« La Hongrie doit aller vers l'Autriche,
si elle ne veut pas aller à Moscou ».
FRIEDRICH NAUMANN.

(Discours du 10 décembre 1915 à Berlin.)

BLOUD & GAY
Editeurs
PARIS, 7, Place Saint-Sulpice
Calle del Bruch, 35, BARCELONE
1916

AVANT-PROPOS

Terra incognita, telle est à peu près la Hongrie pour la plupart d'entre nous. Beaucoup de Français, cependant, l'ont traversée pour se rendre à Constantinople; assez nombreux sont ceux qui, en cours de route, ont fait halte quelques jours à Budapest; mais rares sont ceux qui demeurèrent assez longtemps dans ce pays pour en connaître autre chose que les aspects pittoresques de la « pousta » et des Carpathes. Considérant généralement la Hongrie comme une sorte de satellite de l'Autriche, nous ne lui accordions pas l'intérêt que nous accordions à celle-ci.

La guerre a appelé notre attention sur ce royaume; soudain les Français les moins curieux des affaires extérieures se sont intéressés à sa vie politique, à ses tendances, à son avenir.

Nous croyons donc répondre à leur désir d'être renseignés, en résumant dans les pages qui vont suivre ce qu'un séjour de deux années, comme correspondant en Hongrie, nous a permis d'observer du point de vue politique et en essayant d'apercevoir à la lumière des événements d'aujourd'hui, ce que pourrait être la Hongrie de demain.

S'il nous était permis de souhaiter davantage, nous voudrions que notre étude, si sommaire fût-elle, rappelât à ceux qui ont charge aujourd'hui des destinées françaises, la duplicité des hommes politiques hongrois et, en particulier, du comte Etienne Tisza, un des hommes qui porteront devant l'Histoire la plus lourde part des responsabilités de cette guerre. Nous l'avons connu à Budapest, au moment où il revenait au pouvoir dans le cabinet Khuen-Hedervary de tendances nettement allemandes. Grand et mince, le visage encadré de favoris, le regard toujours invisible derrière un lorgnon noir, il parlait d'un ton grave et sec. On l'écoutait comme un chef. On sentait en lui une âme froide et austère, une volonté tenace, des desseins impénétrables mais sûrs. Il avait arrêté le programme du gouvernement dans cette formule : punir sévèrement toute attaque des nationalités. C'en était assez pour lui gagner tous les cœurs magyars. En outre, on le savait à la fois très attaché aux traditions aristocratiques du pays et bien en cour à Berlin.

Nous voudrions mettre en garde la bonne foi de certains d'entre nous contre les sympathies illusoires ou à fleur de peau que des Hongrois nous témoignaient avant la guerre et qu'ils se réservent de nous exprimer encore, le moment venu, au profit de leur cause compromise. Nous avons dit en toute sincérité ce que nous croyons fermement à ce sujet. Notre souhait serait accompli si nous parvenions à faire partager notre conviction à quelques-uns de nos lecteurs.

Août 1916   A. D.

La Hongrie d'hier et de demain

I

La vie politique intérieure

Le système électoral. — Le Parlement et les nationalités. — La propriété foncière, le prolétariat agraire et l'émigration. — L'Eglise catholique. — La petite noblesse, le fonctionnarisme et l'Etat. — Les Israélites.

La vie politique de la Hongrie est ordinairement ignorée ou mal connue hors des frontières du royaume. De temps à autre, avant la guerre, un article de journal rappelait aux étrangers que la Hongrie était habitée par des hommes de différentes races entre lesquelles l'accord ne régnait pas toujours, qu'il y avait en Hongrie une question des nationalités. Les discussions portaient parfois sur le programme scolaire; il s'agissait de savoir, par exemple, dans quelle mesure la langue hongroise serait la langue d'enseignement pour telle ou telle région roumaine, slovaque ou serbe. On entendait parler aussi d'élections législatives où la force armée n'avait fait rien moins que protéger la liberté du vote, de crises ministérielles qui duraient depuis plus d'une année, de séances parlementaires exceptionnellement violentes. Mais c'est la question des nationalités, dont l'écho franchissait le plus souvent les frontières du pays: la moitié environ de la population, qui est de race magyare, prétendant imposer au reste des habitants qui appartiennent à plusieurs nationalités (1), le respect de sa race par le respect de sa langue, de sa suprématie politique et de sa civilisation.

On peut se demander comment, sous un régime parlementaire, la moitié des habitants ne sont pas défendus par leurs députés contre les prétentions de l'autre moitié. La réponse à cette question est double : d'abord, la population non-magyare est composée de races qui n'ont entre elles aucun lien permanent; ensuite les procédés électoraux en usage dans le pays paralysent sa résistance.

Le système électoral est établi d'après le cens. Sur tout le territoire, l'électeur doit, naturellement, être citoyen hongrois, âgé d'au moins vingt ans; mais ce premier point fixé, le cens varie avec les différentes régions. Il y a une foule de catégories d'électeurs. Certaines conditions sont exigibles dans toute la Hongrie; d'autres ne le sont que sur une

---

(1) Sur une population de 21 millions d'habitants, on compte en Hongrie environ 50 0/0 de Magyars et 50 0/0 d'autres nationaux, répartis de la manière suivante : au nord, 2 millions de Slovaques; au nord-est, 400.000 Ruthènes; à l'est, 3 millions de Roumains; au sud, 3 millions de Serbo-Croates; puis, disséminés sur de nombreux points du territoire, 2 millions d'Allemands, 300.000 Tziganes, 70.000 Wendes, des Polonais, des Bulgares, des Arméniens, des Italiens.

partie du pays, et dans la même région quelquefois le cens varie encore suivant les catégories de contribuables.

Aux électeurs censitaires, il faut ajouter la catégorie des « capacités » qui comprend les sujets hongrois dont la profession implique une instruction supérieure à celle de la moyenne.

Le suffrage est oral, ce qui donne à penser que le vote de tous ceux qui ont besoin de quelque manière du gouvernement ne peut se faire en toute indépendance. En outre, on peut créer aux électeurs des candidats de l'opposition mille difficultés dont la moindre est de ne pas tenir compte de leur suffrage lorsqu'ils prononcent mal le nom du candidat. Quand ils se présentent par groupes, comme c'est l'usage, il arrive que la troupe ou la gendarmerie les cernent en les tenant éloignés des registres; le nom du candidat est appelé deux fois, les électeurs ne peuvent rompre le cordon et le Bureau déclare le vote terminé.

La réforme électorale est un des plus gros problèmes qui se soient posés devant les législateurs hongrois. A la fin de l'année 1906, le député Kristoffy, *avec l'assentiment du roi*, déposa devant le Parlement un projet de loi instituant le suffrage universel pur et simple; mais ce projet ne fut pas même discuté et la Chambre fut ajournée. Cependant, comme le mouvement favorable au suffrage universel devenait plus accentué, le gouvernement essaya bientôt de donner une satisfaction relative à ces revendications par le projet du comte Jules Andrassy qui comportait une combinaison du suffrage universel et d'un suffrage plural : certaines catégories d'électeurs auraient deux voix et d'autres trois. D'après ce projet, 41,4 0/0 des électeurs auraient le vote plural et exprimeraient les 60,9 0/0 de toutes les voix.

Il s'est fondé à Budapest un *Reform-Club* qui réunit des hommes politiques de tous les partis afin d'obtenir le suffrage universel.

Ainsi François-Joseph eût voulu donner à la Hongrie, dès 1906, le suffrage universel qui fut appliqué en Autriche l'année suivante. Cette manière de voir s'explique d'abord par le désir de substituer aux revendications magyares les questions sociales. Le jour, en effet, où le Parlement hongrois ne serait plus composé de membres de cette petite noblesse qui fit la Révolution de 1848 pour la défense de ses privilèges, mais des élus du peuple, ceux-ci demanderaient plutôt des réformes économiques que des emblèmes et des privilèges magyars. Ce serait, en outre, réaliser l'unification du régime électoral dans toute la monarchie dualiste.

A la vérité, l'établissement du suffrage universel ne produisit pas en Autriche le résultat que l'empereur en attendait : les questions de nationalité continuèrent à y primer les questions sociales. Cependant François-Joseph continua, de son côté, à vouloir la réforme en Hongrie. L'institution du suffrage universel dans un pays où les Magyars forment la moitié seulement des habitants ferait disparaître leur prépondérance qui porte de plus en plus ombrage à l'Autriche. Telle est, semble-t-il, la seconde raison pour laquelle la dynastie des Habsbourg souhaite la réforme du suffrage.

* *

Le Parlement hongrois est formé de deux Chambres : la Chambre Haute ou Chambre des Magnats et la Chambre des Députés.

La Chambre Haute est composée de membres héréditaires, à savoir : les archiducs majeurs et les membres des familles aristocratiques qui payent au moins 6.000 couronnes d'impôt foncier; de membres nommés à vie par le roi sur la proposition du président du Conseil; de dignitaires tels que de hauts magistrats, trente-trois évêques catholiques, neuf évêques grecs orthodoxes, six représentants des confessions luthériennes et calvinistes; enfin de trois membres délégués par la Diète de Croatie. Cette Chambre peut rejeter indéfiniment les projets de loi votés par l'autre, mais la Chambre des Députés a, de nos jours, une prépondérance telle, qu'en fait, la Chambre Haute n'use de ce privilège qu'une seule fois et ne peut ainsi que retarder le vote des lois.

Les Magyars sont en très grande majorité à la Chambre des Députés. Sur quatre cent cinquante députés environ, on n'en compte que quarante Croates et, généralement, une trentaine dits nationalistes. Nous avons entendu expliquer cette proportion de la manière suivante : le candidat qui s'intitule nationaliste est extrêmement rare; dans les régions mêmes habitées par les nationalistes slovaques, saxons, ruthènes, etc., souvent aucun candidat ne se présente avec cette étiquette. Un

Slovaque pose sa candidature devant ses frères de race comme candidat du gouvernement ou de l'opposition, clérical ou libéral, et siège comme tel, une fois élu, au Parlement de Budapest. Il n'y a guère que dans les contrées où habitent une ou plusieurs familles patriciennes que le titre « nationaliste » s'attache quelquefois à la personne du candidat.

Cette explication qui, à première vue, peut paraître plausible, est insuffisante, car elle ne dit pas pour quelle raison les candidats des nationalités ne se présentent pas aux électeurs comme nationalistes, ce qui serait pourtant, semble-t-il, bien naturel. Voici comment on peut expliquer ce fait : les régions habitées par les nationalités, sauf par les Saxons, sont pauvres, la population est décimée par l'émigration. La plus grande partie des terres appartiennent à l'Etat qui les afferme aux indigènes. Quelle chance de succès l'épithète de nationaliste donnerait-elle là à un candidat ? En outre, ce qui reste de la classe aisée dans ces régions : quelques industriels, des commerçants qui tiennent à leur tranquillité et dépendent plus ou moins du Pouvoir, sont gouvernementaux, et le menu peuple qui n'a pas émigré, sensible à certains arguments habilement mesurés, se laisse aisément convaincre. Le vote ne se faisant pas dans chaque commune, mais au chef-lieu de la circonscription, les candidats sont tenus par la loi de défrayer les électeurs de leur voyage et de leur nourriture. On imagine combien il est aisé, sous couleur de rembourser ces dépenses, de se rendre les votes favorables. Ajoutons à cela une division spécieuse des circonscriptions électorales, et l'on ne s'étonnera plus de ne voir au Parlement hongrois qu'une trentaine de députés dits nationalistes.

Mais du moins, les élus des nationalités qui y siègent sous une autre étiquette, luttent-ils réellement, une fois installés, pour leurs frères de race? Il n'en est rien et, du reste, ceux-ci n'attendent pas cet effort de leurs représentants; si certains actes de « magyarisation » violents soulèvent trop souvent la juste indignation de ces derniers et celle des publicistes, ils demeurent généralement calmes. Que devient donc habituellement au Parlement la question des nationalités? Elle fait l'objet de palabres et de discussions académiques entre le gouvernement magyar, d'une part, et les députés allemands, roumains et slaves, de l'autre. Par contre, dès l'arrivée au pouvoir du comte Etienne Tisza, en 1910, les rapports du gouvernement et des nationalités entrèrent dans une phase aiguë et s'y maintinrent. Avec les Croates, ce sont les députés roumains qui résistent le plus à la prépondérance des Magyars.

$$*\ *$$

La petite propriété (jusqu'à 60 hectares) couvre environ dix millions d'hectares; la moyenne (jusqu'à 600 hectares) trois millions; la grande six millions. La totalité des biens inaliénables de l'Etat, des villes, des communes, des évêchés, des communautés, des fidei-commis représentent environ dix millions d'hectares.

L'abolition du servage décrétée en 1848 et le renchérissement de la main-d'œuvre qui s'ensuivit, diminuèrent beaucoup l'étendue de la moyenne propriété. Une crise analogue causée par le poids des impôts, leur répartition défectueuse, les exigences des fermiers et l'élévation des salaires menaçait avant la guerre la petite propriété en Hongrie. Ne pouvant entretenir leur terre, les petits propriétaires la vendent et augmentent l'armée des journaliers agricoles. La plupart émigrent en Amérique. De 1900 à 1910, on comptait officiellement 700.000 émigrants. Malgré les inquiétudes des démographes, le gouvernement ne saurait voir l'émigration d'un mauvais œil; car elle éloigne du pays un élément de population susceptible de favoriser le socialisme agraire.

A leur retour, les émigrants cherchent à acheter de la terre, et, dans certaines régions, comme, par exemple, dans le nord du pays où habitent les Slovaques, les demandes sont si nombreuses que la valeur des champs a augmenté en vingt ans d'une manière incroyable. Ce désir de se rendre maître du sol, qui est au cœur de tout Hongrois, n'est qu'une face de la question du prolétariat agraire. La situation précaire des deux millions environ de journaliers agricoles du royaume en est l'autre face. Sans doute l'abondance ou la médiocrité de la récolte annuelle exerce une grande influence sur cette masse d'hommes indolents et peu ouverts aux idées du dehors; cependant on a pu constater, au cours des vingt dernières années, des mouvements socialistes agraires à peu près organisés. « Est-ce à dire, demande M. G. Louis-Jaray, dans son ouvrage intitulé : *La question sociale et le socialisme en Hongrie*, que la Hongrie soit à la veille d'un bouleversement social ou même qu'on doive prévoir ce cataclysme pour une époque plus ou moins lointaine ? Ce serait une présomption singulière que de risquer pareille prophétie. Ce serait oublier qu'il existe en Hongrie une noblesse qui détient le Pouvoir, les avenues et les forteresses de celui-ci, et qui n'a ni l'envie d'abdiquer son rôle social, ni d'indifférence pour son avenir... Le prolétariat hongrois commence seulement à être organisé et à prendre conscience de ses intérêts de classe. Un travail prolongé paraît nécessaire pour lui donner les capacités requises pour collaborer au Pouvoir... » Certaines réformes sont cependant acceptées par la noblesse, par exemple l'extension du droit de vote, mesure moyenne qui resterait bien en deçà du suffrage universel et qui indique clairement les intentions de ceux qui la prennent. On a proposé aussi de déplacer les propriétés de main-morte, en particulier celles des prélats qui se trouvent dans l'Alfœld et de les transférer dans les régions forestières.

*
* *

Il n'est pas indifférent, à ce propos, de signaler la situation exceptionnelle de l'Eglise catholique en Hongrie.

L'Eglise catholique a conservé en Hongrie une situation bien plus importante que dans le reste de l'Europe. Jusqu'en 1606, la religion catholique y fut seule autorisée. Religion d'Etat jusqu'en 1848, elle fut privilégiée par rapport aux autres cultes reconnus jusqu'en 1895. La loi 43 de 1895 établit l'égalité et la liberté de tous les cultes. Elle avait été précédée, en 1894, de trois autres lois qui avaient institué le mariage civil, réglé la situation des enfants issus de mariages contractés entre personnes de confessions différentes et sécularisé les registres de l'état-civil confiés jusqu'alors au clergé. Ces lois soulevèrent de violentes discussions dans les deux Chambres et le roi ne les sanctionna qu'à contre-cœur. Le souverain, en effet, porte le titre de roi apostolique de Hongrie en vertu d'un privilège qui fut conféré au roi saint Etienne, en même temps que la Sainte-Couronne, par le pape Silvestre II. Le pape accorda des droits particuliers pour diriger et protéger l'Eglise de Hongrie; par suite, l'Eglise y est étroitement liée à la monarchie. Son influence politique n'est pas contestable; la plupart des ministères l'ont appuyée. Cette influence s'exerce non seulement grâce aux sympathies déclarées de certains hommes d'Etat, mais encore par l'action d'une association nombreuse et puissante appelée la *Congrégation*.

La faveur des ministres permet spécialement à l'influence de l'Eglise de s'exercer sur l'école, soit par le choix des directeurs de collèges, soit par le grand nombre d'établissements qu'elle patronne.

Les biens fonciers des évêchés, des chapitres et des couvents sont de 12.000 kilomètres carrés.

* * *

Le « fonctionnarisme » sévit de plus en plus en Hongrie. Pour s'expliquer ce phénomène, il faut connaître l'état d'esprit de la petite noblesse hongroise. Nous allons essayer de la définir en peu de mots.

La petite noblesse est désignée en Hongrie à la mode anglaise par le nom de « gentry ». Elle est infiniment nombreuse. « Souvent, dit le comte Albert Apponyi, des contrées entières ont été anoblies d'un trait de plume à la suite de quelque glorieux exploit, ou simplement en manière d'encouragement. Aussi trouvons-nous, à l'époque de la Révolution française, 75.000 familles nobles en Hongrie sur environ 6 millions d'habitants, tandis que la France en comptait 28.000 sur 26 millions d'habitants. »

La gentry s'est battue vaillamment, jadis, pour défendre le territoire contre les Turcs et les libertés nationales contre l'Autriche. Ce double danger étant écarté, ses muscles se sont détendus et elle ne trouve plus à employer ses qualités propres; elle croirait déroger en se livrant au négoce et ne considère comme vraiment dignes de ses soins que les fonctions administratives. Comme le désir de soutenir son rang l'entraîne à des dépenses excessives et qu'elle n'a pas l'esprit pratique, elle recourt trop souvent aux prêts hypothécaires, de telle sorte qu'une partie de ses domaines a déjà passé entre les mains des financiers israélites. Les pertes de jeu concourent encore à sa ruine.

On s'étonnera moins après cela que le fonctionnarisme progresse en Hongrie et que la petite noblesse occupe à peu près tous les postes de l'Etat.

Il va sans dire qu'en temps d'élections la masse des fonctionnaires, qui représente le tiers des électeurs, peut fournir, avec le scrutin ouvert, un appoint des plus sérieux au gouvernement. Mais un tel nombre d'employés d'Etat ne signifie pas que les affaires soient menées vite et bien. Certes, la négligence n'est pas particulière aux fonctionnaires hongrois, mais nous ne croyons pas nous tromper en pensant qu'elle est en Hongrie un mal chronique et généralisé. Elle y est, d'ailleurs, d'autant plus funeste que l'action des employés de l'Etat s'exerce sur un plus vaste domaine. En dépit de l'esprit d'indépendance dont se targuent les Hongrois, il n'est pas de pays où l'Etat se mêle autant des affaires des particuliers.

**

Si brève que soit notre étude, nous devons dire quelques mots des Israélites en Hongrie, autant à cause de leur grand nombre que de la place importante qu'occupent certains d'entre eux dans la société hongroise. On en compte 850.000 dans le royaume ; près de 300.000 habitent Budapest, représentant environ le tiers des habitants. La Hongrie leur fut toujours hospitalière. Dès la fin du xie siècle, le roi Kálmán avait favorisé leur entrée par des décrets qui furent complétés par des privilèges que leur accorda, en 1251, le roi Béla IV. Au xive siècle, Louis le Grand et Charles, rois napolitains et catholiques, restreignirent leurs privilèges; mais, plus tard, Mathias instaura dans le royaume des communautés juives, à la tête desquelles il plaça un « juge » qui était attaché en tout temps à sa personne et transmettait à la cour les impôts qu'il percevait sur la communauté. Après le règne de Mathias, la population juive s'accrut au fur et à mesure que s'appauvrissaient le pays et la cour. Les Juifs commencèrent alors à louer les mines, à prendre les douanes à ferme. Sous le joug turc, leurs privilèges furent respectés, car ils formaient un trait d'union entre chrétiens et Turcs.

Quand les Turcs eurent été chassés, en 1686, on se vengea d'eux sur les Juifs, mais Marie-Thérèse recommença à les favoriser; Joseph II continua et leur fit adopter des noms allemands. En 1848, la Diète hongroise éleva les Juifs au rang de citoyens; leur émancipation fut confirmée en 1867 et ils purent, dès lors, exercer leurs droits civils et politiques, mais le culte israélite ne fut reconnu légalement qu'en 1895 sous le premier ministère Wekerlé.

Aujourd'hui, sur 850.000 Juifs habitant la Hongrie, 600.000 environ sont magyarisés, c'est-à-dire que par une déclaration sur papier timbré, ils changent ou plutôt transforment leur nom en nom magyar. Cette coutume est favorisée par les Pouvoirs publics, mais ce n'est que la première phase de l'assimilation. La seconde, qui se réalise bien plus rarement et plutôt chez les Juifs fortunés, consiste dans le baptême. Beaucoup de Hongrois se félicitent des progrès que l'élément israélite a fait faire à Budapest. S'ils regrettent de ne pas en être eux-mêmes les auteurs, ils prétendent, du moins, que la race hongroise absorbe peu à peu l'élément étranger qui finira par faire corps avec elle. Cependant il apparaît plutôt que les deux races vivent sans se mêler, côte à côte, avec leurs dons particuliers. En tout cas, les mariages entre israélites et chrétiens atteignent annuellement un chiffre insignifiant. Sur une moyenne de 175.000 mariages au cours de ces dernières années, on n'en compte pas plus de 650 entre israélites et chrétiens.

II

L'appui nécessaire au dehors

Rapports avec l'Autriche. — L'union politique et la question du « séparatisme ». — L'union économique. — « L'erreur hongroise » des Français.

Les principales lois constitutionnelles de la Hongrie sont au nombre de quarante-cinq ; la première date de la fin du ixe siècle. Les plus importantes sont la Pragmatique-Sanction de 1723, la loi de 1848 et le Compromis austro-hongrois de 1867. En voici les dispositions essentielles : Les rapports de l'Autriche et de la Hongrie sont fixés par la Pragmatique-Sanction de 1723. Cette transaction est, sous forme de loi, un contrat bilatéral entre la Hongrie et la dynastie des Habsbourg. La Hongrie abroge la loi salique, s'engage à respecter le droit de succession des Habsbourg et à défendre la sécurité et le territoire de l'Autriche comme le sien propre. La dynastie s'engage à maintenir l'indépendance de la couronne hongroise, la liberté du pays et à employer toutes les forces de l'Autriche pour défendre la sécurité et le territoire de la Hongrie. Le même prince règne sur les deux pays, mais il représente deux personnalités de droit public, deux souverainetés parfaitement indépendantes, possédant des prérogatives distinctes : ainsi le souverain des pays autrichiens règne par le simple fait de succession, tandis que le roi de Hongrie doit être couronné comme tel. La réforme constitutionnelle de 1848 a créé le régime parlementaire en Hongrie, avec l'obligation de la signature et la responsabilité d'un membre du cabinet hongrois. Enfin le Compromis de 1867, pour régler l'exécution du devoir de défense réciproque, déclare que les éléments essentiels de cette défense sont les affaires étrangères en tant qu'elles intéressent les deux pays, le commandement des troupes de terre et de mer et les dépenses qui s'y rapportent. D'où l'existence de ministères communs des Affaires étrangèros, de la Guerre et des Finances. Toutefois les affaires de la guerre et des finances ne sont dites communes que dans les limites des intérêts de la défense réciproque : aussi existe-t-il un ministre hongrois de la défense nationale, chef de la *honved* ou armée hongroise, et un ministre hongrois des finances.

Pour établir la manière dont seront votées les dépenses des trois ministères communs et pour exercer sur eux le contrôle parlementaire, le Compromis a institué les « Délégations », c'est-à-dire deux comités de soixante membres chacun, dont quarante députés et vingt membres de la Chambre haute, élus par les Parlements autrichiens et hongrois, et convoqués par l'empereur et le roi alternativement dans les deux capitales. Les Délégations sont des institutions d'entente et leur compétence est bornée à deux fonctions : le contrôle parlementaire de l'administration des ministères communs et l'établissement des budgets communs.

*
* *

Il existe un vague désir de se séparer de l'Autriche chez les vieux Magyars, et notamment chez les paysans de l'Alfœld, la plaine hongroise. Cette idée exploitée par certains hommes politiques et d'ailleurs représentée par quelques membres du Parlement (le parti de 48) n'est pas prise au sérieux par ceux qui réfléchissent.

Les deux pays qui constituent la monarchie austro-hongroise sont consciemment et étroitement, liés par des intérêts économiques et politiques. Le comte Khuen-Hedervary, président du Conseil hongrois, déclarait formellement en septembre 1910 : « Cette séparation ne peut se faire et ne se fera jamais parce que personne en Hongrie ne peut la vouloir ni même y songer sérieusement. Déjà maintes fois l'étranger a été abusé par les complications de notre politique intérieure et a pu se leurrer sur la possibilité d'une séparation de l'empire d'Autriche et du royaume de Hongrie. »

La revue libérale *Huszadik Század*, organe de la Société de Sociologie de Budapest, dans un article de M. Paul Szende, explique d'une façon péremptoire la fortune politique de la théorie du « séparatisme ».

« En 1769, écrit cet auteur hongrois, la prépondérance de la propriété foncière, grande et moyenne, était absolue; mais tous les groupes et tous les individus d'une classe ne peuvent guère jouir simultanément et au même degré, des bénéfices de cette prépondérance, attendu que dans un pays aussi pauvre et arriéré que la Hongrie ces bénéfices ne représentent que des valeurs restreintes. Les divers groupes se disputeront donc le pouvoir pour accaparer la plus grosse part de ces bénéfices. Mais comme on ne saurait avouer et proclamer ces appétits, il faut chercher des devises qui les dissimulent, arborer un pavillon qui couvre la contrebande. Cette devise, on l'a trouvée en mettant en avant la *Question constitutionnelle*, celle des rapports avec l'Autriche. Cette devise a une apparence sérieuse, car la nature de nos rapports avec l'Autriche est en effet préjudiciable aux intérêts de certaines classes, de sorte que nous avons vu se développer au cours des derniers siècles un courant anti-allemand, respectivement anti-autrichien, dont les partis de l'opposition ont su tirer profit. A la suite de ces faits historiques les partis hongrois du xix⁰ siècle se sont constitués de la façon suivante :

« Le groupe de propriétaires grands et moyens qui est au pouvoir proclame la nécessité du maintien de l'union avec l'Autriche, car l'appui de la dynastie lui permet de se garantir le pouvoir. Ce groupe est combattu par un ou plusieurs groupes, qui se composent également de propriétaires grands et moyens ; lesquels exigent le relâchement de cette union, afin d'accaparer les voix des électeurs mécontents ; mais au fond, les intérêts de ces divers groupes sont identiques, tant à l'égard des rapports avec l'Autriche, qu'à l'égard de leurs rapports avec les autres classes de la société hongroise. Aussi la lutte entre ces groupes ne porte-t-elle guère sur des questions vitales et ne tend-elle point à amener un changement radical dans l'organisation politique et économique du pays. Le groupement d'après l'union plus ou moins intime avec l'Autriche est factice et peu sincère. Les principes qui furent proclamés par l'opposition tendent à rendre la Hongrie tout à fait indépendante de l'Autriche ; mais la prépondérance militaire et économique de l'Autriche rend cette indépendance irréalisable et après les tristes expériences de 1849, la noblesse ne se déciderait pas à une politique aussi extrême. Le but proclamé est donc une utopie ; de plus, il ne correspond pas aux intérêts des gouvernants actuels. L'antagonisme qui existe entre la classe des propriétaires hongrois et les classes bourgeoises et ouvrières est bien plus profond que celui qui existe entre la classe dirigeante hongroise d'une part, et la classe dirigeante autrichienne et la dynastie d'autre part. L'union avec l'Autriche nous impose, certes, des charges très lourdes, mais la classe des propriétaires fonciers ne pourrait pas conserver le monopole des pouvoirs publics si les industriels, les commerçants, les ouvriers et les paysans pouvaient exercer une influence décisive sur le gouvernement du pays, ce qui ne manquerait pas d'arriver si la Hongrie pouvait réaliser son indépendance économique...

« Il est donc évident que le parti qui s'est formé au sein de la classe dirigeante et prétend relâcher les liens du dualisme n'est pas sincère et ne tend qu'à tromper les électeurs...

« La vérité est que les partis qui ont critiqué le régime de l'union avec l'Autriche, ont simplement brigué la popularité pour arriver au pouvoir et ont voulu détourner l'attention publique de certaines questions dangereuses pour leur hégémonie. *Ils ont inculqué au peuple la haine de l'Autriche, pour se frayer le chemin du pouvoir, pour que le peuple s'habitue à attribuer au dualisme tous les maux du pays et ne se retourne pas contre ses véritables oppresseurs.* Voilà l'idée fondamentale de tous les partis de l'opposition constitutionnelle. »

***

L'union économique austro-hongroise n'est pas moins solide, malgré certaines apparences, que l'union politique. Il existe entre les deux pays une convention douanière aux termes de laquelle aucune espèce de droits n'est perçue sur les marchandises qui passent d'un pays dans l'autre. Cette convention doit être renouvelée tous les dix ans. A la fin de chaque période décennale, une opposition violente se dresse au Parlement hongrois contre le renouvellement de l'accord. Sans doute, les arguments ne manquent pas en faveur de la séparation et celui qu'on entend le plus souvent est celui qui consiste à dire qu'elle aboutirait à la création d'une industrie nationale. Les adversaires de l'union économique assurent que la plupart des objets manufacturés dont on se sert en Hongrie viennent d'Autriche, à cause de la franchise douanière.

Cela est vrai; mais jusqu'à ce qu'elle se soit créé

une industrie importante, quel avantage trouverait la Hongrie à son autonomie douanière? Elle serait pendant toute cette période dans l'impossibilité de profiter de sa situation nouvelle et à la merci d'un protectionnisme autrichien. Et si par l'union elle bénéficie déjà de l'industrie autrichienne, pourquoi la romprait-elle ?

Si l'on peut discuter l'opportunité et l'efficacité de la rupture douanière au point de vue économique, il paraît du moins certain qu'elle entraînerait un véritable bouleversement dans le domaine politique. M. Louis Eisenmann, dans son magistral ouvrage intitulé *Le Compromis austro-hongrois de 1867*, montre clairement que « le système des affaires communes tout entier suppose nécessaire l'union économique ». — « Le ministre des Affaires étrangères, dit-il, est actuellement chargé de la représentation diplomatique et commerciale de l'empire... Comment continuerait-il à exercer ses attributions, si les traités internationaux de commerce n'étaient plus communs, si la monarchie comprenait deux territoires douaniers distincts et peut-être ennemis?... Les consulats ne pourraient pas rester communs, si les consuls devaient représenter des intérêts différents et opposés ; et les légations et ambassades par là même, ne pourraient pas non plus le demeurer longtemps... L'unité des affaires étrangères attaquée d'abord comme unité commerciale ne tarderait pas à disparaître aussi comme unité politique. L'Histoire contemporaine montre dans l'exemple de l'Allemagne comment l'unité commerciale est l'étape de l'unité politique ; il est parfaitement sûr qu'à l'inverse — et le développement des conflits entre la Suède et la Norvège le prouve — la séparation économique serait aussi l'étape de la séparation politique. » L'auteur ajoute que l'unité de l'armée ne résisterait pas longtemps non plus à une rupture économique, parce que l'armée est entretenue à frais communs, soit par le produit des douanes, soit par les quotes-parts, dans des conditions qui supposent l'existence de l'union commerciale.

La valeur de pareils arguments n'échappait évidemment pas aux parlementaires hongrois ; aussi les efforts des partisans de l'indépendance, pour faire voter la rupture douanière, finissaient-ils toujours par échouer devant le bon sens de la majorité. On verra plus loin ce que nous pensons des efforts d'aujourd'hui contre la réalisation d'un projet du même ordre et beaucoup plus vaste.

*
* *

Malgré tout, il est certain que les Hongrois n'ont pour les Autrichiens aucune amitié. Il paraît donc naturel que ce peuple, que des intérêts seuls tiennent attaché à l'Autriche, ait regardé au delà des frontières de la monarchie. Le voisinage des grands Etats l'a poussé à chercher des amitiés ; sa civilisation qui est encore un peu superficielle, le dispose à étudier des civilisations plus profondément enracinées. Ce double besoin explique les deux mouvements de nature très différente qui portaient généralement la Hongrie vers la civilisation de la France et vers la politique de l'Allemagne. Nous touchons ici à un sujet que nous intitulerons volontiers : *l'erreur hongroise*. Nous entendons par là l'idée que se faisaient certains d'entre nous sur les véritables sentiments des Hongrois à notre égard. Nous avons connu des Français pleins d'illusions à ce sujet.

D'après eux la Hongrie était constamment à la veille de s'arracher des bras de la Triple Alliance pour tomber dans les nôtres. Certes ces visionnaires ont maintenant beaucoup perdu de leurs illusions, cependant l'un d'eux nous disait encore mélancoliquement à Paris, l'an dernier : « Il y a malgré tout des gens qui nous aiment à Budapest. » Des gens qui nous aiment ! Nous voulons bien admettre qu'il y ait à Budapest des Hongrois — et nous en connaissons — qui préfèrent nos mœurs, notre littérature et nos arts à ceux de l'Allemagne ; c'est à cela sans doute que l'on a reconnu qu'ils nous aimaient et à quelques compliments agréablement tournés en un français correct. Mais leur sympathie s'arrête là et elle n'est jamais allée au delà.

Du reste, il ne faut pas oublier que la culture allemande séduit certains Magyars parmi les plus instruits et ceux que nous tenions pour nos amis. Par exemple, le comte Apponyi, qui se laissait complaisamment appeler dans certains salons de Budapest « le grand ami de la France », disait aux Allemands en octobre 1908, dans une séance du Congrès interparlementaire de Berlin, alors qu'il était ministre de l'Instruction publique : « Nous vous étudions, nous croyons vous connaître et nous sommes persuadés que vous n'êtes nulle part mieux compris que chez nous. Le génie allemand est tel qu'il est le plus universel de tous les génies qui ont été donnés aux peuples. Si un jour un homme tombait de Mars et me demandait quelle langue il devrait étudier pour saisir la vie intellectuelle de l'humanité sur notre planète, je lui conseillerais absolument l'étude de la langue allemande. Seule la possession de cette langue pourrait lui assurer la connaissance de la culture universelle, de la culture de tous les peuples vivants. » Aussi bien la langue allemande est-elle devenue en Hongrie, depuis quelques années, l'unique langue étrangère obligatoire dans les Ecoles normales d'instituteurs.

Examinons les causes probables de l'erreur hongroise.

1° Les Hongrois qu'on a connus à Budapest ou rencontrés à Paris sont en grande partie des gens d'esprit ouvert, prompts à s'assimiler toutes connaissances, des gens qui montrent une certaine inclination pour l'esprit français ; de fait les œuvres de nos artistes, de nos grands romanciers, nos pièces de théâtre sont appréciées et imitées à Budapest ; les Hongrois cultivés se piquent de parler notre langue.

2° Pendant deux siècles la politique des Bourbons a été opposée à celle de la maison d'Autriche ; ensuite beaucoup d'hommes d'Etat hongrois cherchant à restaurer l'indépendance de la Hongrie en regard de l'Autriche ont été amenés à demander de l'aide à la France : le prince François II Rakoczy en est un exemple illustre.

3° Les intellectuels de Hongrie applaudirent à la Révolution française. Puis, au milieu du siècle dernier, le peuple hongrois qui venait de faire une révolution, se tournait naturellement vers la grande nation de l'Occident qui s'était soulevée au nom des principes libéraux; lors de la répression beaucoup d'émigrés trouvèrent un refuge en France. Le peuple français répondait au mouvement francophile hongrois de cette époque et Lamartine, Victor Hugo, Michelet, donnaient une expression éloquente à ces sentiments. Au reste les Hongrois n'ont pas oublié la répression. Ils respectent en la personne de François-Joseph le roi de Hongrie, mais contre l'empereur de Vienne, ils gardent en leur cœur un ressentiment profond. N'est-ce pas lui qui appela le Russe contre eux? N'est-ce pas lui qui avec l'aide de ce dernier réprima implacablement la révolte? N'approuva-t-il pas l'exécution ordonnée à Arad, le 6 octobre 1849, des treize généraux hongrois — les treize martyrs — qui avaient pris part à la guerre de l'indépendance? Les Hongrois ont pour les Autrichiens une incontestable antipathie, mais leur antipathie s'arrête à ces souvenirs, et de même que leur sympathie à notre égard, elle ne va pas au delà, c'est-à-dire qu'elle n'abolit pas en eux le sens politique et ne les fait pas hésiter quand il s'agit de sauvegarder leurs intérêts actuels tels qu'ils les comprennent.

Sans doute le paysan hongrois est libéral et de ce fait son antipathie pour l'Autriche va plus loin que celle de l'habitant de Budapest; mais il ne compte pas. Nous avons assisté aux élections législatives dans la plaine, loin de Budapest. Tout ce qu'on peut imaginer pour fausser son vote est couramment employé, nous en avons donné un aperçu dans notre

premier chapitre, et c'est merveille qu'il y ait encore
après cela quelques candidats d'opposition élus.
Seul, en politique, l'élément des villes compte et
principalement celui de la capita e.

Malgré la tradition de sympathie dont nous venons
de rappeler les différents témoignages, peut-on
oublier la politique des Hongrois à l'égard de la
France en 1870? François-Joseph, l'archiduc Albert
et le comte de Beust, chancelier de l'empire, étaient,
comme on sait, tentés de prendre la revanche de
Sadowa par une guerre contre la Prusse. Ils esti-
maient que l'alliance avec la France en favoriserait
puissamment la réalisation. Beust demanda qu'on
concentrât en Bohême une masse importante de
troupes, afin de diviser les forces allemandes et
d'empêcher que les armées françaises ne fussent
accablées par le nombre dès le début des hostilités.
Au contraire, le comte Andrassy était convaincu
que la Prusse, sous la direction de Bismarck, réali-
serait l'unité allemande, et que par conséquent la
monarchie austro-hongroise devait chercher à se
développer du côté des Balkans en se désintéressant
de l'ouest. Il demanda donc que l'Autriche-Hongrie
gardât la neutralité et il finit par faire prévaloir son
avis.

M. de Cazaux, chargé d'affaires de France, écrivait
le 1er mars 1871 au chef de cabinet de notre ministre
des Affaires étrangères : « Le comte Andrassy est
aujourd'hui un grand partisan de l'alliance austro-
prussienne, et voit dans l'appui des Allemands le
salut de la Hongrie menacé par le Panslavisme.
C'est lui qui a détourné le comte de Beust de toute

intervention en faveur de notre intégrité territoriale. »

Vingt ans plus tard, les sentiments du gouvernement hongrois à notre égard n'étaient pas devenus plus bienveillants. On se souvient de la colère que soulevèrent en France, pendant l'été de 1888, les propos tenus par le ministre du commerce et le président du Conseil de Hongrie, Coloman Tisza, afin de dissuader les industriels hongrois de participer l'année suivante à notre Exposition.

Enfin faut-il rappeler l'avertissement que donnait aux Français, il y a dix ans, un Hongrois sincère, le baron Feyervary alors président du Conseil ? Le 11 mars 1906, ce personnage disait au correspondant du *Petit Parisien* à Budapest : « Les Français prennent beaucoup trop au sérieux les phrases ronflantes, les grandes et vaines promesses de M. Kossuth, du comte Apponyi et consorts. Je ne saurais certainement blâmer les Français de prêter leur sympathie à des hommes politiques qui leur font envisager l'éventualité et qui leur offrent même la possibilité — ils le prétendent du moins — de briser la Triple Alliance. Peut-on bien s'imaginer en France que l'opposition hongroise puisse sérieusement tenir tout ce qu'il lui convient de promettre ? En Hongrie, il faut tenir compte de ce fait que nous sommes en monarchie et que, dans la politique extérieure, l'influence du souverain a gardé intact tout son poids et toute sa valeur... Dès lors on ne peut qu'être surpris de voir que quelques journaux français ajoutent foi — une foi presque ingénue, passez-moi le mot — à ces promesses abondantes de l'opposition hongroise, suivant lesquelles il suffirait qu'un cabinet Andrassy vint au pouvoir en Hongrie, pour que soit immédiatement et inévitablement rompue la Triple Alliance... En somme, que l'opinion française reste l'amie de l'opposition hongroise si cela lui fait plaisir, mais qu'elle n'en devienne pas la dupe. » N'est-ce pas fort édifiant que de retrouver dans cette citation les noms du comte Apponyi et du comte Andrassy dont on a lu les discours prononcés au cours de cette guerre ?...

En résumé, les Hongrois, qui sont sensibles aux qualités propres de l'esprit français et pour qui notre goût n'a rien perdu de son prestige, tenaient à ce que Paris eût de leur capitale, de leurs manières, et de leurs œuvres une bonne opinion, mais là se bornent les relations que la plupart d'entre eux souhaitaient d'entretenir avec nous. « Les Magyars sont inébranlables dans leur dévouement aux Allemands et à la cause allemande, écrivait encore tout dernièrement un publiciste hongrois, Hugo Veigelsberg, bien connu sous le pseudonyme d' « Ignotus »; cependant ces considérations politiques ne leur font pas oublier leur admiration pour le génie français... »

III

L'orientation future

*Le trait d'union entre la Hongrie et l'Allemagne. —
Les manœuvres de Tisza. — Le « Zollverein ». —
Trialisme ou indépendance ?*

La dénonciation de ce que nous continuerons à
appeler l'erreur hongroise, n'offrirait plus d'intérêt
à l'heure qu'il est, si cette erreur, trop longtemps
ancrée dans nos esprits, ne menaçait encore d'avoir
des conséquences dangereuses après la guerre, lors
des délibérations d'où sortira le nouveau plan d'équilibre européen.

L'opinion se préoccupe naturellement du sort de
l'empire Austro-Hongrois, après la victoire des
Alliés. D'aucuns pensent que la survivance d'une
Autriche orientée de notre côté est pour nous un
contrepoids nécessaire à ce que sera l'Allemagne,
d'autres sont pour le démembrement de l'empire des
Habsbourg.

Il nous semble que la connaissance exacte des
véritables tendances politiques de la Hongrie peut
utilement influer sur le choix du parti à prendre.

D'une part, nous avons cité l'opinion d'un Hongrois notable, sur la valeur des sympathies que la France pouvait attendre de la Hongrie.

D'autre part, nous croyons avoir suffisamment démontré que le « séparatisme » n'était qu'un trompe l'œil, un masque qui cachait les intentions des partis gouvernementaux, qu'en réalité l'union avec l'Autriche était considérée par les partis comme nécessaire en même temps que cette puissance servait de trait d'union entre la Hongrie et l'Allemagne, bouclier contre le danger slave.

« La nation hongroise, déclarait déjà Louis Kossuth à la diète de Pest le 11 juillet 1848, est appelée à vivre en bonne et intime amitié avec la nation allemande ; elles sont appelées ensemble à sauvegarder la civilisation occidentale. »

Le 6 novembre 1915, dans la *Neue Freie Presse*, le comte Jules Andrassy écrivait à son tour : « L'allié naturel des Hongrois c'est l'élément allemand d'Autriche, et par delà celui-ci, l'empire allemand. »

Il nous paraît évident que l'attitude de la Hongrie dépendra après la guerre du sort définitif de l'Autriche : si l'Autriche des Habsbourg, même affaiblie par ses pertes de toute nature, constitue encore un ensemble politique imposant, les mêmes causes produisant les mêmes effets, la Hongrie s'efforcera de lui rester attachée ; si on contraire l'Autriche en tant qu'empire disparaît et se voit divisée en plusieurs états indépendants les uns des autres, aucun de ces états ne paraîtra assez puissant à sa voisine pour la défendre contre les Slaves. Or, le député allemand Naumann disait à Berlin le 10 décembre dernier : « *La Hongrie doit aller vers l'Autriche, si elle ne veut pas aller à Moscou* ». Les Allemands n'ignorent pas que le prestige de leur force maintient les Hongrois dans leur orbite. Combien de fois ne nous a-t-on pas dit à Budapest : « Sans doute, vous autres Français, êtes gens aimables et l'on a plaisir à s'entretenir avec vous, mais l'Allemagne est plus forte ! » Le jour où cette force aurait disparu ou se trouverait considérablement amoindrie, c'est du côté du plus fort, cette fois encore, que pourraient bon gré mal gré se tourner les Hongrois. La victoire des Alliés changera bien des choses : le slavisme, le péril redouté d'hier, se transformera peut-être à son tour en bouclier, mais il en serait d'autant plus sûrement ainsi que le trait d'union n'existerait plus entre la Hongrie et l'Allemagne.

Il faudra la ruine de l'Autriche pour donner un sens à la théorie du séparatisme. L'opposition hongroise offrira alors quelque intérêt ; d'ici là elle ne sera pour nous que la formule d'un certain parti dirigé plus ou moins sciemment comme les autres, par le maître actuel de la monarchie dualiste : le comte Tisza.

Nous connaissons l'objection : en démembrant l'Autriche on pousse vers l'Allemagne les neuf millions d'Allemands de la Haute et de la Basse Autriche, du Tyrol et du Salzburg. Le professeur Masaryk, député tchèque au Reichsrath, y répondait hier : « En maintenant la monarchie des Habsbourg on laisse l'empire germanique étendre la main sur cinquante et un millions de sujets nouveaux. »

Et il disait encore : « Je sais bien que certains hommes politiques imaginent qu'un jour l'Autriche-

Hongrie se dressera contre l'Allemagne ; c'est une illusion fatale. Le courant pangermanique a complètement triomphé aussi bien à Budapest qu'à Vienne. D'autre part, si, au lieu d'être complètement désagrégée, l'Autriche perdait simplement des territoires polonais et ruthènes au profit de la Russie et les régions adriatiques au profit de l'Italie, les Allemands et les Magyars, qui seraient alors vingt millions contre dix millions de Tchèques et de Slovaques, nous tyranniseraient complètement. Je dis cela pour répondre aux illusions de quelques-uns de mes compatriotes qui s'imaginent que dans une Autriche simplement diminuée nous pourrions avoir notre place. »

Séparer les Magyars des Autrichiens, c'est les séparer des Allemands. Ne point le faire c'est laisser subsister l'entr'aide germano-hongroise.

N'avions-nous pas raison de dire que la connaissance exacte des véritables tendances politiques des Hongrois pouvait utilement influer sur la solution de la question même de la survivance de l'empire des Habsbourg, et l'argument hongrois tel que nous le présentons, n'est-il pas suffisamment éloquent pour nous décider dans le sens négatif ?

*
* *

Mais nous n'ignorons pas que nos journaux ont publié sur la politique intérieure de la Hongrie pendant la guerre, des informations susceptibles d'impressionner jusqu'à un certain point les lecteurs. Il fut d'abord question de désaccords entre la Hongrie et l'Autriche. Immédiatement l'on parla de la séparation possible. Plus récemment c'est avec Berlin, dit-on, que Budapest ne s'entendait pas. Nous voudrions mettre les lecteurs en garde contre les déceptions que selon nous, leur réserverait une trop grande confiance dans le résultat de ces soi-disant différends.

L'an dernier, quand les Russes des sommets des Carpathes dominaient la plaine, et que Budapest se sentait menacée, l'opposition hongroise exprima assez hautement son désir de voir proclamer l'indépendance complète de la Hongrie. Un tel désir exprimé à pareille heure pouvait paraître à Berlin et à Vienne, en cacher un autre plus inquiétant encore; il arriva donc que vers la fin de février, des renforts allemands furent envoyés dans les Carpathes pour arrêter l'invasion russe.

Or, dès que l'opposition hongroise manifesta en pleine guerre des tendances séparatistes, certains d'entre nous crurent que le moment était venu où leurs prévisions allaient se réaliser. On commença dans certains milieux à reparler de la question hongroise; des personnes que l'on rencontre en temps normal tantôt dans les grands hôtels de Budapest, tantôt sur nos boulevards, se mêlèrent activement à ces conversations, mais à peine les Russes commencèrent-ils à reculer que le rêve des uns et des autres s'évanouit. Au Parlement hongrois l'opposition se taisait et Tisza, plus fort que jamais, devenait bientôt premier ministre de la double monarchie.

Que nos alliés menacent de nouveau la plaine hongroise et l'on reverra les orateurs de l'opposition remonter à la tribune et réclamer l'autonomie politique complète du royaume.

Par cette politique de bascule, la Hongrie espère tirer le meilleur parti des événements. D'une part elle compte que l'aide militaire qu'elle apporte à ses alliés lui vaudra d'importants avantages dans les Balkans si les Empires du centre sortent victorieux du conflit ; dans le cas contraire elle espère qu'en se retirant à temps, elle assurera au moins, *grâce aux sympathies qu'elle se connaît en Angleterre et en France*, l'intégrité de son territoire. Tant que le destin favorise nos ennemis, Tisza se charge de faire oublier à Vienne l'opposition en préconisant pour après la guerre « une Autriche forte ». « Ce que la Hongrie désire, affirmait-il le 1er janvier 1916 à Budapest, c'est que sur la base du dualisme, une Autriche forte, protégée contre les sentiments centrifuges de ses peuples, prospère à côté de la Hongrie. » Et le 31 mars, interviewé par le *Lokal Anzeiger*, il s'exprimait ainsi : « L'Allemagne et l'Autriche-Hongrie, après avoir combattu côte à côte constitueront après la paix un groupement économique uni. »

Une Autriche forte, c'est un nouveau bloc austro-allemand et, nous le répétons, une Hongrie inclinant vers l'Allemagne.

Cependant, il est question à présent de désaccord entre Berlin et Budapest. Nous voulons parler de l'opposition que, paraît-il, feraient les Hongrois à la formation d'une union douanière des empires du centre préconisée par Berlin.

Aucun moyen d'égarer notre opinion ne nous paraît pour la Hongrie plus commode que celui-là, qui ne risque pas de gêner l'action militaire de ses alliés. L'homme le plus habile en même temps que le plus cynique du royaume, le comte Etienne Tisza, en use le premier avec toute la maîtrise dont il est capable. Nous ne saurions dire s'il adoptera purement et simplement le projet douanier allemand, ni même quel est exactement ce projet ; mais tout d'abord nous sommes certain que ce n'est pas au moment où toute la politique austro-hongroise repose sur lui, que sur une question de ce genre, il donnerait sa démission comme le bruit en a couru. Nous venons du reste de rapporter l'opinion qu'il émettait sur l'union économique de l'Allemagne et de l'Autriche-Hongrie, le 31 mars dernier, devant un rédacteur du *Lokal Anzeiger*. Au moment où nous écrivons, le journal *Az Est* (Le Soir) de Budapest publie un article signé de lui en faveur du Zollverein.

« Il y a beaucoup de personnes, écrit Tisza — et moi je compte parmi elles — qui se placent à un point de vue tout à fait opposé à l'indépendance et qui, s'appuyant sur l'étude approfondie de la question, en théorie et en pratique ont acquis la conviction que l'Union douanière, le Zollverein, basé sur un accord sauvant les intérêts de notre patrie, est la voie la plus sûre vers le développement sain et naturel de la Hongrie. »

En second lieu, lorsqu'on suit d'aussi près que possible la politique intérieure de nos ennemis, on voit quel cas il faut faire de l'opposition hongroise.

Les manifestations ne manquent pas au cours desquelles les intentions d'unir les efforts économiques des deux empires s'affirment nettement. L'une des dernières remonte aux premiers jours de mai.

A cette époque, un groupe important de parlementaires Allemands, Autrichiens et Hongrois présenta un mémoire aux gouvernements de Budapest, de Vienne et de Berlin sur la constitution de la prochaine union austro-allemande. On ne demandait plus seulement dans ce document une alliance d'ordre international, mais une union réelle beaucoup plus étroite sur certains points que celle qui existe entre l'Autriche et la Hongrie. Ce mémoire, dont les points essentiels furent publiés dans le *Prager Tageblatt*, réclame une étroite union politique, militaire et économique de l'Allemagne et de l'Autriche-Hongrie, qui trouverait une garantie dans des organes administratifs et législatifs communs. En ce qui concerne l'union économique, les deux Etats représenteraient vis-à-vis de l'étranger une unité, tout en conservant pour commencer un tarif intérieur de caractère transitoire. On unifierait la législation dans le domaine du commerce, des communications, de l'assistance publique, etc. Le système des impôts serait nécessairement unifié ; à cet effet les représentants des milieux intéressés se réuniraient régulièrement en conférences spéciales. Un compromis à longue échéance avec la Hongrie est considéré comme un fait nécessaire et déjà acquis.

Il nous paraît également intéressant de signaler

que le sociologue hongrois bien connu Oscar Jaszi,
collaborateur du *Huszadik Század*, un des chefs de
l'opposition magyare, a publié vers la même époque
dans la *Gazette économique des empires centraux*, un
article sur l'avenir de la Hongrie. Réfutant très
énergiquement les arguments des adversaires de
l'union douanière avec l'Allemagne, M. Jaszi formule
les principes du rapprochement prochain de la Hongrie avec cette puissance qui lui apparaît comme
nécessaire à la prospérité de son pays. « La discus-
sion sur l'union douanière, dit-il, ne forme qu'une
partie d'un problème beaucoup plus vaste et beaucoup plus important qui consiste à transformer l'alliance diplomatique et militaire des principaux Etats
de l'Europe centrale en une unité politique, solide et
organique. » C'est le fameux « Mitteleuropa » décrit
par Naumann. M. Jaszi affirme que la Hongrie n'a
rien à craindre de l'union douanière avec l'Allemagne, de la puissance de son capital, de son esprit
d'organisation ; au contraire, la Hongrie doit
souhaiter cette union de toute la force de sa volonté
parce qu'elle serait favorable au progrès de son
industrie, à son développement économique. La
crainte de la germanisation n'est qu'une naïveté.
« Naturellement, dit-il, nous ne pouvons nier que
l'Allemagne, avec sa grande supériorité économique
et sa puissante organisation, exercera dans cette
union une certaine hégémonie ; mais cette hégémonie
constituera moins pour les Magyars une oppression
qu'un soutien et une aide. »

Ainsi, au fond de cette pseudo-opposition du principe de l'union douanière préconisée par Berlin, il

ne faut voir à notre avis que des manœuvres destinées à nous impressionner d'une manière favorable aux Magyars ; peut-être aussi, en lançant de temps en temps dans la presse européenne des nouvelles sur une certaine résistance contre cette union, les Magyars cherchent-ils à tirer le plus grand profit des pourparlers déjà en cours. Tisza laisse l'opposition se montrer récalcitrante, mais il voit en même temps le travail s'accomplir lentement malgré elle, de par la volonté du Kaiser et des financiers de Berlin, de Vienne et de Budapest.

Nous avons vu en effet, remplacer les gouvernants autrichiens opposés à cette réalisation par d'autres qui en sont partisans : von Bonnot ministre du Commerce autrichien, remplacé par Spitzmuller chargé spécialement de préparer la fusion économique ; Engel remplacé aux Finances par Leith, Heinold à l'Intérieur par le prince de Hohenlohe. Nous avons vu également la *Deutsche Bank* prêter 100 millions pour exploiter des mines et des usines en Transylvanie ; l'Allemand Henkel - Donnersmarck donner 20 millions à une banque de Budapest ; les armateurs de Brême et de Hambourg, Ballin et Heineken, se rendre à Budapest pour créer une ligne de navigation partant de Fiume, unique port de la Hongrie. Pour le transport des céréales roumaines sur le Danube, les Allemands ont organisé tout un service de chalands et de remorqueurs, et dans le défilé des Portes de Fer un halage mécanique perfectionné. Sur la digue de pierre de la rive serbe, une voie a été posée ; une locomotive y circule et fait franchir le défilé aux convois en vingt minutes au lieu d'une heure et quart, malgré la violence du courant ; à la sortie, des remorqueurs se substituent à la locomotive. Deux mille wagons de céréales passent journellement au lieu de quatre cents seulement qui passaient au début. Peut-on espérer que cette organisation allemande disparaisse après la guerre ? C'est le commencement de l'exploitation de la Hongrie. Un journal de Budapest annonçait récemment que les projets de plus de trente entreprises allemandes en Hongrie étaient déposés dans les ministères. L'Allemagne, qui souffre de ne plus avoir assez de régions agricoles, en retrouverait en Hongrie. Elle serait l'instrument de la prospérité de ce pays après la paix comme elle aura été l'instrument de sa résistance pendant la guerre. Contre la main-mise allemande, les Karolyi, les Batthyany, les Andrassy, les Rakosy protestent trop tardivement et bien inutilement ; à moins que ce faisant, ils ne préparent de mèche avec Tisza une comédie hongroise pour le jour où les Alliés seront vainqueurs. Nous croyons Tisza assez habile et assez patriote pour se sacrifier, le cas échéant, à l'opposition qui orienterait toute la politique hongroise en sens contraire, avant que fût tiré le dernier coup de canon. Certes nous comprenons fort bien de la part de la Hongrie une politique de bascule dont elle espère tirer le plus grand profit ; mais c'est précisément parce que nous la comprenons que nous n'en voulons pas être dupes. Il ne nous suffirait pas que la Hongrie se séparât de plein gré de l'Autriche ou, faute d'y pouvoir parvenir, désavouât sa politique et qu'à ce prix elle s'acquît l'indulgence des vainqueurs. Nous ne pouvons oublier que des éléments ethniques nombreux et divers au sein du royaume de Hongrie ont souffert de l'orgueil et de la brutalité des Magyars. Sans doute, engrenés comme ils le sont à présent dans l'organisme allemand, serait-il moins facile aux Hongrois, en cas d'échec des armées austro-hongroises d'émettre vis-à-vis de Vienne les prétentions politiques de l'an dernier, mais toujours prêts à user des amitiés qu'ils possèdent chez les Alliés, du moins sauraient-ils agir à temps de manière à sauvegarder leurs intérêts. Mais les populations étrangères de race qui peuplent la Hongrie n'ont pas supporté le joug des Magyars pour qu'à l'heure où il nous serait possible de les aider à le secouer, nous manquions à ce devoir. Si des Français libéraux gardent quelque sympathie à la Hongrie, qu'ils la réservent plutôt à d'autres qu'aux Magyars, car depuis 1848 le libéralisme de ces derniers s'est transformé, sous l'influence de l'Allemagne et de l'Autriche, en tyrannie à l'égard de tous les autres éléments de population du royaume.

*
* *

Nous pourrions terminer ici cette étude ; mais il est une question que le lecteur se posera certainement et à laquelle il serait déçu de ne pas trouver, après ce que nous venons de dire, au moins un essai de réponse. Cette question est la suivante : Que deviendrait politiquement la Hongrie après le démembrement de l'empire des Habsbourg ?

Il est impossible d'y répondre catégoriquement et même d'émettre dès à présent une opinion vraiment fondée sur ce point ; trop d'éléments de jugement indispensables manquent et manqueront tant que la guerre durera. Nous prions donc le lecteur de ne considérer ce qui va suivre que comme une simple indication et la preuve de notre souci de ne point éluder sa question.

On s'est aperçu à la lecture de ces pages que le mot de l'historien Palacky : « Si l'Autriche n'existait pas, il faudrait l'inventer », nous paraissait hors d'usage. Même avant la guerre, du jour où par l'annexion de la Bosnie-Herzegovine, l'Autriche ébranla le *statu quo* des Balkans, elle n'était plus à nos yeux la condition d'équilibre et de paix en Europe qui donnait un sens au mot de Palacky. A plus forte raison, après sa défaite, ne voyons-nous pas la nécessité du maintien au centre de l'Europe d'un empire autrichien, haineux et dangereux, prêt encore à toutes les intrigues, à toutes les besognes louches et subversives dans les Balkans.

D'aucuns préconisent un Etat trialiste composé de l'Autriche germanique, de la Bohême (tchèques et slovaques) et de la Hongrie magyare, où chacun de ces pays aurait des droits égaux à ceux des deux autres. Ils pensent que cette solution du problème du centre de l'Europe « éviterait que la propagande allemande ne s'exerçât activement à Vienne, Linz, Innsbruck et Gratz ». C'est peut-être une erreur. Nous répétons que tant que le trait d'union subsistera entre Budapest et Berlin, Budapest cherchera, pour les raisons que nous avons données, un appui à Berlin.

Nous ajouterons que les Hongrois, tels que nous les connaissons, ne trouveront pas chez eux un ensemble d'hommes capables de conserver au pays une véritable indépendance politique et que les éléments germanophiles subiront vite par Vienne l'attraction de Berlin. Nous avons indiqué plus haut les défauts d'une grande partie de la noblesse hongroise et l'état arriéré dans lequel a été laissée la masse de la population du royaume, courageuse en temps de guerre, mais encline dans la paix au laisser aller des Orientaux.

Certes, il n'en est pas de même des Tchèques et la Bohême trouverait indubitablement chez elle des hommes de gouvernement remarquables ; cependant il est à craindre que dans le cas d'un Etat trialiste l'élément germanique de Prague ne se rapproche peu à peu de celui des deux autres Etats. Quant à Vienne, on en peut dire avec M. Emile Boutroux comme de l'Allemagne tout entière : « Pénétrée jusque dans ses profondeurs par la manière de penser, de juger, de vouloir, de sentir que lui a inculquée la domination prussienne, prétendre la ramener à l'état intellectuel et moral où elle se trouvait, alors qu'elle n'avait pas succombé à cette influence, est un rêve. » (*Revue des Deux-Mondes*, n° du 15 mai 1916.)

Au lieu donc d'un Etat trialiste dont les éléments germaniques ou germanophiles se rechercheraient et s'orienteraient fatalement vers la nouvelle Allemagne, ne vaut-il pas mieux qu'au centre de l'Europe l'Autriche de langue allemande, la Bohême et la Hongrie magyare mènent chacune une existence indépendante ? Si l'Autriche germanique reste comme par le passé orientée vers Berlin, du moins la Bohême et la Hongrie peuvent se tourner librement vers la Russie, la première par affinité de race, la seconde par besoin de s'appuyer sur un voisin puissant. « La Hongrie doit aller vers l'Autriche si elle ne veut pas aller à Moscou. » La Russie pourrait d'autant plus aisément étendre son influence dans les deux pays qu'ils seraient entièrement détachés de Vienne.

(Empressons-nous d'ajouter que ce n'est pas sur les Hongrois qu'il faudrait compter pour instaurer le régime républicain dans leur pays où les propriétés de grande culture couvrent 60 0/0 du sol ; nous avons vu, à propos de la question du séparatisme, sur quoi reposaient les velléités d'indépendance de l'opposition actuelle et ce qu'il fallait attendre de ses tendances libérales.)

L'effacement de la dynastie des Habsbourg nous paraît aussi indispensable à la paix de l'Europe que celui de la monarchie dualiste. Maintenir la dynastie esclave de l'Allemagne, ne fût-ce que sur le territoire de l'Autriche proprement germanique, nous paraîtrait une faute.

Tel est, en principe et quant à présent, notre avis. C'est à la diplomatie des Alliés, lorsqu'elle possèdera tous les éléments de jugement nécessaires, qu'il sera possible de se faire une juste opinion, et qu'il appartiendra de choisir en toute connaissance de cause le parti le plus propre à assurer pour longtemps le règne de la justice et de la paix en Europe.

Mais, outre qu'il n'y a de notre part en ce qui précède qu'une simple suggestion, nous savons qu'avant toute autre chose, c'est à la destruction même du germe pangermaniste que doivent tendre les efforts des Alliés et ce germe n'est pas en Autriche. Toutes les mesures qui seraient prises contre l'empire des Habsbourg seraient précaires, si l'Allemagne demeurait après cette guerre en état d'user de son prestige et d'exercer sur cet empire, même démembré, son influence.

Post-scriptum

Polémique préliminaire sur le sort de l'Autriche. —
L'opposition hongroise.

Depuis qu'ont été écrites les pages que l'on vient
de lire, il s'est passé deux faits d'ordres très différents, mais qui se rapportent chacun d'une certaine
manière à notre sujet.

D'abord une polémique de presse sur la question
d'Autriche. Cette polémique n'a duré, il est vrai, que
ce qu'il convenait qu'elle durât pour le moment. Il
ne pouvait s'agir encore que d'une question de principe et pas d'autre chose, mais, comme on l'a très
bien dit, « il est d'ores et déjà indispensable d'éclairer
et de fixer un certain nombre de points, si l'on ne
veut pas s'exposer à commettre de lourdes et funestes
erreurs, quand le jour où il faudra parler d'autre
chose sera venu. » En tout cas, cette courte polémique a prouvé qu'il fallait s'attendre à ce que la
question d'Autriche fût, un jour, abordée avec une
certaine passion. On nous permettra donc d'insister
dès à présent sur ce sujet.

En second lieu, l'opposition hongroise s'est de
nouveau manifestée. Nos lecteurs n'auront pas de
peine à nous croire, quand nous leur dirons que ce
fait prévu par nous au cours de notre étude ne nous
a nullement surpris.

Certains publicistes, et en particulier M. André Chéradame, qui vient de publier un ouvrage fort documenté : *Le Plan pangermaniste démasqué*, ont suggéré pour base des remaniements territoriaux qui s'imposeront après la guerre au centre de l'Europe, le principe des nationalités. D'autres ont contesté en l'espèce la valeur de ce principe. Or, ces derniers n'en envisagent l'application qu'en relation avec les divisions linguistiques parmi les populations et ils rappellent que dans des Etats solidement constitués et qui durent depuis des siècles, trois langues sont quelquefois couramment parlées ou que d'autres Etats, éloignés les uns des autres parlent la même langue. Cette considération n'est pas suffisante pour nous faire renoncer à libérer d'un pouvoir qu'elle repousse du fond de l'âme, telle ou telle fraction de la population d'un Etat. Sans doute, il est tout aussi impossible en Occident qu'en Orient d'appliquer universellement et d'une manière stricte le principe des nationalités, mais ce n'est pas à nous, Français, de le rejeter une fois pour toutes. La langue ne nous paraît pas être un critérium absolu ; de même qu'en Orient il existe entre des hommes habitant des régions différentes un lien religieux autrement fort que la langue, en Occident il existe souvent entre eux, même lorsqu'ils sont sujets d'empires ou de royaumes différents, d'autres liens moraux tout aussi solides : la race et le sentiment d'une patrie commune concrété en une Grande Puissance.

C'est pourquoi nous croyons qu'il est raisonnable d'appliquer le principe des nationalités chaque fois et dans la mesure où cela est possible, et, en particulier, de soustraire à l'influence de Vienne et de Berlin, en vertu de ce principe, les éléments non germaniques de l'Autriche-Hongrie; pour les mêmes raisons nous croyons qu'il serait vain d'espérer empêcher absolument et à jamais les Allemands d'Autriche de regarder vers l'Allemagne.

Nous ajouterons qu'il ne serait pas moins inutile, à notre avis, de chercher à détacher l'Allemagne du Sud de l'Allemagne du Nord et d'en grouper une fraction avec la Hongrie et la Bohême, comme certains le préconisent. Si les Allemands du Sud n'ont pas de sympathie pour la Prusse, ils tiennent du moins à faire partie de l'Allemagne. Ce ne serait d'ailleurs pas atteindre la Prusse que de leur faire une place à part; et le but que poursuivent les Alliés n'est-il pas plutôt l'abaissement de celle-ci que le dépècement de l'Allemagne? Or, ce but ne sera-t-il pas atteint : 1º quand l'armée allemande sera battue ; 2º quand l'Allemagne sera contrainte à verser aux vainqueurs l'argent qu'elle consacrait tous les ans à ses armements et qu'ils lui auront imposé, comme le disait dernièrement le *Temps*, « une paix financière, une paix de remboursement, une paix d'indemnité » ; 3º quand du fait de la reconstitution du royaume de Pologne, les Junkers prussiens auront perdu la plus grande partie de leurs biens; 4º quand la grande industrie allemande sera atteinte dans ses œuvres vives par de sévères mesures économiques? A ce prix — et pour répondre d'avance à ceux qui nous reprocheraient de parler du démembrement de l'Autriche qui, selon nous, pourrait être définitif, et de ne pas parler de celui de l'Allemagne qui ne pourrait être qu'éphémère — à ce prix et quand la « question d'Occident » sera réglée, l'Allemagne pourrait sans préjudice subsister à côté de l'Autriche démembrée; d'autant plus que nous ne la voyons pas nécessairement s'agrandir de ce fait.

La principale, l'unique objection, pourrait-on dire, au démembrement de l'Autriche qu'on entende formuler ouvertement, c'est l'inconvénient de grossir l'Allemagne des populations germaniques de la Haute et de la Basse-Autriche, du Tyrol et du Salzburg. Un de nos distingués confrères, M. Jacques Bainville, nous a fait cette objection dans un de ses solides articles de l'*Action Française*.

Nous ne songeons nullement à rattacher les provinces autrichiennes proprement dites à l'Allemagne; mais supprimer l'Autriche en tant qu'empire et constituer de ces provinces un petit Etat, ne serait-ce pas simplement apposer une étiquette nouvelle sur un état de choses préexistant? Cet Etat ne serait évidemment pas hostile à l'Allemagne, mais il serait indépendant des Etats plus importants pris sur l'empire. Or, l'influence allemande se propagerait beaucoup plus aisément dans un groupement politique dont ferait partie un Etat exclusivement germanique, que dans plusieurs Etats séparés les uns des autres où, par contre, d'autres influences pourraient mieux s'exercer. Qu'on redoute certaines de ces influences, on ne saurait cependant les redouter au même degré que celle de Berlin; on ne saurait en politique, pas plus qu'en autre chose, bâtir pour l'éternité et nous savons ce qui presse le plus quant à présent.

Isoler l'Autriche ce n'est pas « accorder d'avance

au pangermanisme, comme acquis un des points de son programme » ; c'est au contraire en ne le faisant pas qu'on lui permettrait de réaliser une grande partie de ce programme, c'est en particulier, nous le répétons, lui abandonner la Hongrie. L'Allemagne a suffisamment prouvé sa force de rayonnement et d'absorption, pour qu'il ne soit plus permis d'espérer que placé à peu près dans les mêmes conditions qu'avant la guerre, l'empire qui l'a subie saurait dorénavant résister à cette force.

La création d'Etats indépendants de puissance moyenne au centre de l'Europe est peut-être un compromis pratique du principe des nationalités et du principe de l'équilibre qui de nouveau vont être aux prises.

Le problème est trop complexe et comporte des données de sentiments et d'intérêts trop nombreuses pour que la solution en soit aisée et simple. En tout cas, ne recommençons pas au centre de l'Europe ce qui fut fait jadis dans les Balkans. Que l'opinion publique des Grandes Puissances libératrices ne permette plus qu'à la tête des populations dont celles-ci auront assuré l'indépendance soient placés des monarques allemands ou de tendances allemandes...

Enfin, par-dessus toutes ces considérations, une idée de justice nous fait souhaiter la liquidation d'un empire qui a trahi sa mission modératrice, qui est devenu agressif et conquérant, et pour servir ses ambitions autant que celles de notre principal ennemi, s'est attaché à la fortune de celui-ci et a lié partie avec lui contre nous.

L'opposition hongroise s'est de nouveau manifestée à la suite de la brillante offensive des Russes. Rien n'est moins surprenant, si ce n'est le semblant de concession que fait Tisza à l'opposition en acceptant de s'entremettre pour que quelques-uns de ses membres obtiennent une audience de François-Joseph.

A la comédie de l'opposition que nous connaissions s'ajoute cette fois la création d'un parti dit parti de l'indépendance de 1848, par le comte Karolyi autour de qui se sont groupés quelques esprits subversifs sans la moindre autorité réelle pour la plupart, et que Tisza est enchanté de voir pour ainsi dire répéter le rôle qu'il leur confierait peut-être, le jour où les destinées de la Hongrie apparaîtraient encore plus sombres qu'à présent. Tout cela ne l'empêche nullement de poursuivre sa politique germanique, et l'on parle d'un accord douanier et économique qui aurait été signé le 26 juillet entre l'Allemagne et l'Autriche-Hongrie.

Ne nous y trompons pas : le nouveau parti ne jouerait un rôle politique au dehors que lorsque le comte Tisza en aurait décidé ainsi. Pour le moment, s'il offre un intérêt quelconque, c'est uniquement en politique intérieure. Le programme qu'il vient de formuler répète tout ce que nous avons entendu cent fois de toute opposition hongroise : armée nationale indépendante, suffrage universel secret, liberté de la presse, territoire douanier autonome et banque autonome d'émission, politique foncière nationale, institutions sociales pour le bien public, culture, liberté religieuse. A ces redites s'ajoute aujourd'hui : la paix durable aussitôt que possible.

Nous aurions tort d'échafauder sur ces six derniers mots des espoirs inconsidérés. Cependant c'est assez pour désigner à Tisza les hommes qu'il emploierait, s'il y avait lieu, à des tentatives de négociations qui, à vrai dire, paraissent de jour en jour plus improbables. L'effet le plus sûr qu'il attend certainement du geste de Karolyi, c'est de jeter le doute parmi les hommes politiques de l'Entente qui ne connaissent pas les Hongrois et de diminuer leur intérêt pour ce qui se passe à Bucarest.

Mais malgré toute l'habileté de Tisza, ce n'est pas avec le concours du comte Karolyi qu'il accomplira le miracle de la paix séparée de la Hongrie ou qu'il parviendra à endormir notre vigilance. La Hongrie subira le châtiment qu'elle mérite pour s'être rangée du côté de l'Allemagne, dans la guerre comme dans la paix.

TABLE DES MATIÈRES

" PAGES ACTUELLES "

1914-1916

Nouvelle collection de volumes in-16 — Prix : 0 fr. 60

N° **16. Le Général Galliéni,** par G. BLANCHON.

N° **17. Les Leçons du Livre Jaune,** par H. WELSCHINGER, de l'Institut.

N° **18. La Signification de la Guerre,** par Henri BERGSON, de l'Académie française.

N° **19. La Belgique en terre d'asile,** par H. CARTON DE WIART, Ministre de la Justice.

N° **20. Les Sous-Marins,** par G. BLANCHON, Lieutenant de vaisseau.

N° **21. Les Procédés de Guerre des Allemands en Belgique,** par Henri DAVIGNON.

N° **22. Le Roi Albert,** par Pierre NOTHOMB.

N° **23. En Guerre,** *Impressions d'un témoin,* par F. DE BRINON.

N° **24. Les Zeppelins,** par G. BESANÇON, Secrétaire général de l'Aéro-Club.

N° **25. La France au-dessus de tout,** *Lettres de Combattants,* par Raoul NARSZ.

N° **26. L'Opinion Catholique et la Guerre,** par IMBART DE LA TOUR, de l'Académie des Sciences Morales et Politiques.

N° **27. La Charité et la Guerre.** *Tableaux et Croquis,* par G. LECHARTIER.

N° **28. Les Surboches,** par André BEAUNIER.

N° **29. Contre les Maux de la Guerre.** *Action publique et Action privée,* par Henry JOLY, de l'Institut.

N° **30. Le Général Pau,** par G. BLANCHON.

N° **31. L'Allemagne s'accuse.** Pour servir à l'Histoire de la Guerre européenne, par Jean DE BEER.

N° **32. Pendant la Guerre,** *Lettres Pastorales et Allocutions,* par S. E. le Cardinal AMETTE, Archevêque de Paris.

N° **33. L'Allemagne et la Guerre Européenne,** par Albert SAUVEUR, Professeur à Harvard University. Préface de Henry LE CHATELIER, de l'Académie des Sciences.

N° **34. Les Catholiques Allemands, jadis et aujourd'hui.** *Quelques précédents au cas du Cardinal Mercier.* par le Comte BEGOUEN.

N° **35. Notre « 75 ».** *Illustré,* par Francis MARRE.

N° **36. L'Opinion Américaine et la Guerre,** par Henri LICHTENBERGER.

Baron A. DE MARICOURT.

— **Le Drame de Senlis.** 1 vol. in-16 br.,
illustré 3 50

Vicomte HUBERT DE LARMANDIE.

— **Blessé, Captif, Délivré.** *Mémoires de guerre.*
Préface du général Malleterre, 1 vol. in-16 br.,
illustré. 3 50

LOUIS COLIN.

— **Reliques sacrées.** *Lettres ouvertes sur des
tombes.* 1 vol. in-8 br., illustré. . . . . 3 »

HENRI COLAS.

— **Les Chants du Coq Gaulois.** 1 vol. in-8,
broché. 4 »

CHARLES SILVESTRE.

— **Charles Péguy.** Lettre-préface de Mme Charles
Péguy, 1 vol. in-16, br. 1 50

LOUIS GARRIGUET.

— **Nos Morts. Séparation passagère. Revoir
éternel.** 1 vol. in-16 br. 3 50

Mgr A. PONS.

— **Il n'y a pas de Morts.** Hommage à ceux qui
sont tombés pour la Patrie. 1 vol. in-16, br. . 3 50

FRANÇOIS VEUILLOT.

— *La Dévotion française et la guerre.* **Montmartre.**
1 vol. in-12. . . . . 0 80

Un Aumônier militaire.

Manuel du Soldat catholique. 1 vol. in 12
broché. 0 80

A.-D. SERTILLANGES, *professeur à l'Institut Catholique de Paris.*

— **Le Sermon sur la Montagne,** 1 vol. in-12
broché. 2 50

EUG. STANDAERT, *Député de Bruges.*

— **Une Mission Belge au pays des Boers.**
1 vol. in-16 broché. 3 50

Imp. Art " Lux ", 131, boul. St-Michel, Paris —343